一看就懂 一玩就乐
快乐互动 幸福养育

真正的养育在家庭
体能游戏

张先勇◎编著　露露公园◎绘

石油工业出版社

图书在版编目（CIP）数据

真正的养育在家庭.体能游戏 / 张先勇编著；露露公园绘. -- 北京：石油工业出版社，2023.7

ISBN 978-7-5183-6012-3

Ⅰ.①真… Ⅱ.①张… ②露… Ⅲ.①智力游戏 – 青少年读物 Ⅳ.①G898.2

中国国家版本馆CIP数据核字(2023)第086052号

选题策划：曹秋梅
责任编辑：曹秋梅
封面绘图：姬炤华工作室

出版发行：石油工业出版社
　　　　　（北京市朝阳区安华里二区1号楼　100011）
网　　址：www.petropub.com
编 辑 部：（010）64523559
团 购 部：（010）64523649
经　　销：全国新华书店
印　　刷：北京中石油彩色印刷有限责任公司

2023年7月第1版　2023年7月第1次印刷
880×1230毫米　开本：1/32　印张：2.25
字　　数：35千字
定　　价：29.80元
（如发现印装质量问题，我社图书营销中心负责调换）
版权所有，翻印必究

前言

和孩子一起游戏吧！

成长可以很快乐，养育也可以很快乐，秘诀就是加入孩子的世界，和孩子一起游戏，一起长大！

游戏是孩子的一种语言，无论多大的孩子都喜欢游戏，这是由孩子的心理特点决定的。如果你也掌握了这种语言，你会发现一种更轻松、更有效的养育方式。可以说，游戏是亲子关系的润滑剂，它满足了孩子对父母的依恋、对亲密关系的需求，让孩子的情绪更加健康。

不仅如此，游戏对于孩子的生理发展、认知发展和社会性发展都具有重要的价值。孩子活泼好动，喜欢跳跃奔跑、四处钻爬，而各种身体运动类游戏可以尽情释放其好动的天性，达到锻炼身体、增强体质的目的；孩子对周围的世界充满了好奇，游戏可以满足他们探索世界的愿望，促进创造性思维的发展，提高解决问题的能力；孩子的成长也是一个不断社会化的过程，他们需要学习与人交往的方式，而游戏为孩子提供了社会实践活动的机会，促进了性别的社会化、情感的社会化和道德的社会化。

近年来,游戏的价值越来越受到人们的重视。我国教育部颁布的《幼儿园教育指导纲要》也明确指出,幼儿教育应当以游戏为基本活动。在幼儿园里,游戏已被纳入有目的、有计划的教育活动。在家庭中,游戏式养育也逐渐被广大家长接受和认可。

为了让家庭养育中的游戏更丰富、更有趣,我们特别编写了这套"真正的养育在家庭"丛书,共 5 册,分别为《真正的养育在家庭 体能游戏》《真正的养育在家庭 感统游戏》《真正的养育在家庭 蒙氏游戏》《真正的养育在家庭 自然游戏》和《真正的养育在家庭 科学游戏》。我们将游戏按教育体系或教学领域进行分类,融科学性与趣味性于一体。

这套"真正的养育在家庭"丛书,完全从家庭应用场景出发,游戏角色以亲子为主,游戏材料在家庭中随处可见,游戏玩法简易有趣,为大家提供了一套游戏式养育的实用方法。

年轻的爸爸妈妈们,让我们全身心地和孩子一起游戏吧!

编者

2023 年 6 月

本书说明

让每一个孩子都全面均衡地运动

儿童运动专家吉尔·康奈尔（Gill Connell）经过多年的研究发现，身体是大脑的启蒙老师，运动就是课程。儿童早期运动越多，大脑得到的刺激就越多，儿童的求知欲就越旺盛，就越能去探索新的事物，获得新的能力。

让孩子养成一种健康的运动习惯，不仅能提升孩子的身体素质，更为孩子未来的学习与发展奠定成功的基础。但运动本身有一定的科学规律，我们需要做到全面而均衡。本书根据儿童身心发展规律及动作发展敏感期的特点，从平衡与控制、灵敏与协调、力量与持久三个维度设计了一系列运动游戏。

我们希望家长利用这发展关键期，在家庭中开展全面而均衡的体能游戏活动，和孩子一起运动，一起成长！

 本书所提供的游戏均为亲子游戏，应由成年人陪伴玩耍，在游戏过程中应注意场地安全与操作安全。

目录 contents

平衡与控制
- 滚口袋 2
- 垫上盲走 3
- 身体陀螺 4
- 滚油条 5
- 顶沙包 6
- 跳格子 7
- 不倒翁 8
- 牵引走 9
- 站数字 10
- 斗鸡跳 11
- 烤地瓜，烤土豆 12
- 顶脚走绳 13
- 直滚传球 14
- 占领阵地 15
- 独脚拔河 16

灵敏与协调
- 毛巾捕球 18
- 驯小猴 19
- 推小车 20
- 铺石过河 21
- 坐垫挪移 22
- 脚丫钓鱼 23
- 数字投准 24
- 绕体滚球 25
- 拧麻花 26
- 旋转木马 27
- 随球起落 28
- 交替钻圈 29
- 趣味往返 30
- 花样运球 31
- 双人滚球 32
- 打靶球 33

- 套圈圈 34
- 学动物走 35
- 你抛我接 36
- 交叉步走 37
- 双脚掷沙包 38
- 持球转体 39
- 绕体转球 40
- 木棒不倒 41
- 双人勾棒跳 42

- 抢尾巴 43
- 吊车游戏 44
- 报纸曲棍球 45

力量与持久
- 树懒旅行 47
- 扭扭虫 48
- 人体隧道 49
- 马步运输 50

- 跪立前行 51
- 对腿角力 52
- 腰部拔河 53
- 双人蹲跳 54
- 跳八爪鱼 55
- 玩转链球 56
- 兔子跳 57
- 划小船 58
- 腹桥击掌 59

- 收腹举腿 60
- 开火车 61
- 双脚吊车 62
- 跑步机 63

平衡与控制

  平衡与控制是指孩子在运动过程中，在大脑的调控下通过视觉、本体觉调节肌肉收缩，从而保持身体平衡。

  平衡与控制能力发展较差的孩子在快跑、转弯、急停、跳跃时容易摔倒，通过体能游戏可以提高孩子的平衡能力，还可以培养孩子勇敢、顽强的意志和自信、沉着的心理素质。

滚口袋

🎈 主要目标

学习直体滚动,增强腰背与腹部的力量,发展身体的平衡感与控制能力。

🎲 活动准备

干净的大纤维口袋1个。

🏮 游戏玩法

- 让孩子躺在袋子里,头伸出来,双手抓住袋子的端口,自己用力直体向前滚动。
- 要求身体保持平直紧绷的状态,并按直线滚动,在滚动时手不能松开,袋子不能脱落。游戏5分钟,休息1分钟后继续。

🔴 主要目标

培养孩子运用触觉去探索外部的世界,增强其身体的本体感与平衡感。

🧩 活动准备

瑜伽垫2块,眼罩1个。

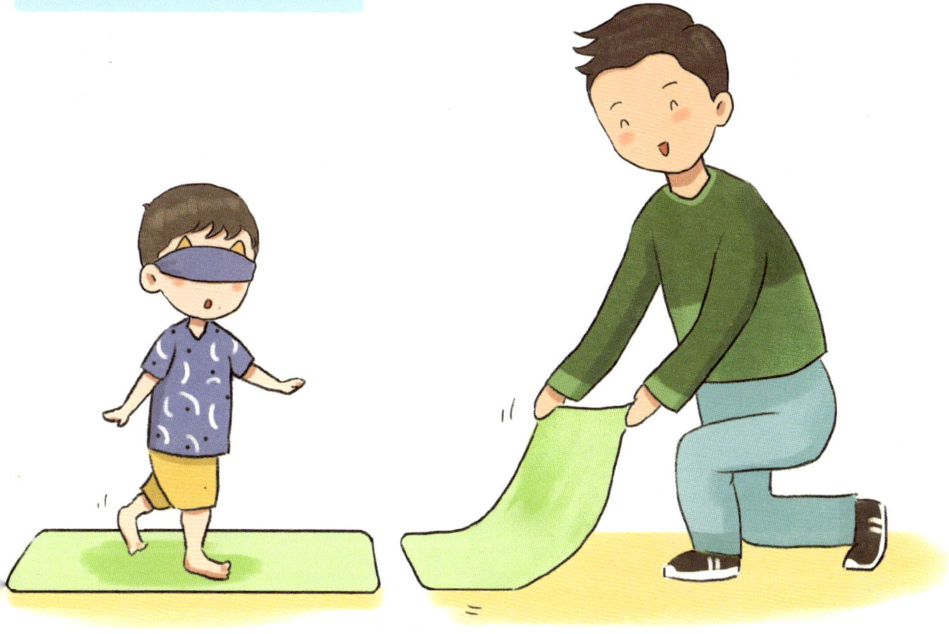

🍊 游戏玩法

- 把一块瑜伽垫平铺在地面上,让孩子戴上眼罩,光脚踩在垫子上,感受垫子的质感。
- 让孩子戴上眼罩,光脚在垫子上行走,当脚踩到垫子外面时,要立刻停下。
- 家长可以不断移动另一块垫子,引导孩子在屋子里四处盲走。
- 一段时间后,让孩子摘下眼罩,分享盲走的成就感。

身体陀螺

🎈 主要目标

亲子互相旋转身体,锻炼腹部的力量和身体的平衡感。

🎲 活动准备

坐垫2个。

🍎 游戏玩法

- 家长和孩子都屈膝坐在垫子上,双手按在身后,用臀部支撑住身体。
- 抬起腿,用手撑地转动身体,像陀螺一样自由旋转。
- 孩子扮作陀螺,双手抱膝并抬腿,家长慢慢地旋转孩子的身体。

主要目标

练习直体滚翻,刺激前庭系统,培养孩子的平衡感。

活动准备

瑜伽垫若干。

游戏玩法

- 将瑜伽垫平铺在地上,家长和孩子头对头平躺在垫子上,双脚并拢,分别伸出双手抓住对方的手臂。
- 两人共同用力,向一侧滚动,到达垫子的一端后,再以同样的方式滚回来。
- 家长和孩子反复在垫子上滚动,要求按直线滚动,身体不能滚出垫子,不得松开双手。

顶沙包

● **主要目标**

练习以多种方式顶沙包行走，培养孩子的平衡感和对身体的控制能力。

● **活动准备**

沙包1个。

● **游戏玩法**

- 把沙包放在头顶、肩上或前额上，然后在场地内穿梭走动，不要让沙包落下来。
- 把沙包放在后脑勺或背上，然后双手和双脚着地爬行。
- 把沙包放在前额、胸部或腹部，然后在地面上仰爬。

主要目标

练习投准与单脚跳,培养孩子的平衡感和对身体的控制能力。

活动准备

在场地内用彩带布置一个5横3竖的格子,并按顺序在小格子内分别标上数字1~8,准备沙包1个。

游戏玩法

- 家长和孩子都站在格子外,通过猜拳确定谁先抛沙包。
- 首先把沙包抛在第1格里,然后单脚跳进格子,依次把沙包从第1格踢到第8格,再把沙包直接踢回起点。
- 在整个游戏过程中,单脚不能踩线,不能落地,沙包也不能压线,如果违规,便换另一人上场。
- 顺利完成第一轮的,继续第二轮将沙包抛在第2格中,按同样的方式游戏,看谁最先完成第8格的任务。

不倒翁

🎈 主要目标

练习坐立倾斜身体的动作,锻炼孩子对身体的控制能力。

🧊 活动准备

坐垫2块。

🏮 游戏玩法

- 让孩子坐在坐垫上,家长帮助孩子将双脚掌对齐,双手抱住双脚,双膝尽量分开,成不倒翁的姿势。(家长要看护好孩子不能让孩子摔倒)
- 家长先扶住孩子,轻轻地向后倒下,然后恢复到坐立状态。再向左或向右倒下,然后恢复到坐立状态。
- 孩子的身体再自左至后再到右摇动,自右至后再到左摇动,速度得当。

牵引走

🟠 主要目标

练习亲子协同行走，锻炼孩子对身体的控制能力。

🎲 活动准备

5米长的绳子1根，将其打成一个绳圈。

🍊 游戏玩法

- 家长和孩子一前一后站在绳圈内（首先由孩子在前，家长在后），将绳子绷直，放在孩子腰间。
- 两人一起喊着口号，齐步行走，要求保持绳圈不掉下来，也不能用手去扶绳子。
- 游戏一段时间后，两人交换前后位置。

站数字

🎈 主要目标

模仿各种数字造型，培养孩子的想象力，增强平衡感和对身体的控制能力。

🎲 活动准备

写有数字 1~9 的卡片。

🍎 游戏玩法

- 随意取一张数字卡片，由家长和孩子自由地探索，各自用身体摆出所取数字的造型。
- 自由探索一段时间后，亲子共同确定数字 1~9 的造型。
- 孩子听家长的口令，摆出相应数字的姿势，并保持 5 秒以上。

主要目标

练习单脚连续向前跳，锻炼孩子的下肢力量，提高身体的平衡能力。

活动准备

皮球1个。

游戏玩法

- 让孩子一腿独立支撑，另一腿屈膝上抬内拐，一手抓住踝关节外侧，另一手扶住小腿外侧，跳步前进。
- 在前一个动作的基础上，在抬起的腿上放一个皮球，再跳步前进。
- 也可以家长和孩子一起游戏，迎面接力传球。

烤地瓜，烤土豆

🎈 主要目标

练习直滚与蜷滚，提高孩子的平衡感和对身体的控制能力。

🎲 活动准备

瑜伽垫2块。

🍊 游戏玩法

- 指定一块瑜伽垫为"烤地瓜"的垫子，另一块为"烤土豆"的垫子。
- 孩子听到"烤地瓜"的口令时，迅速躺到相应的垫子上扮演地瓜，手臂上举，双腿伸直，伸直身体从瑜伽垫的一端翻滚到另一端。
- 孩子听到"烤土豆"的口令时，迅速躺到相应的垫子上扮演土豆，双手抱起蜷着的双腿进行自由翻滚。
- 家长不断变换口令，孩子根据不同的指令，选择相应的垫子进行滚翻。

主要目标

练习在绳子上顶脚走,锻炼孩子的平衡感和对身体的控制能力。

活动准备

长绳1根。

游戏玩法

- 将长绳摆成一条直线,让孩子踩在绳子上以顶脚走的方式行走。顶脚走即每一步都是一只脚的脚尖顶着另一只脚的脚跟。
- 将长绳摆成正方形、三角形或圆形等各种图形,让孩子以顶脚走的方式行走。
- 孩子也可以跟着家长一起走。

直滚传球

🎈 主要目标

练习直体滚动,增强孩子腰背与腹部的力量,提高身体的平衡能力。

🧊 活动准备

瑜伽垫2张,皮球1个。

🎈 游戏玩法

- 将两张瑜伽垫拼接起来,孩子双手持球直体从一端滚向另一端,然后迅速滚回起点。
- 孩子在直体滚动的过程中,不能让球掉落。

主要目标

练习在小空间内推、顶、撞,增强孩子的力量,提高其平衡能力。

活动准备

在场地上画 1 个直径 2 米左右的圆圈。

游戏玩法

- 直臂推手:两人面对面成弓箭步站立,双手臂伸直,双手掌相对,靠两腿蹬地的力量和脚步移动使对方后退。
- 臀部顶撞:两人背向呈体前屈姿势,用一只手抓住踝关节,另一只手臂维持平衡,然后用臀部顶撞对方,使对方出圈。
- 单腿相扑:两人手臂交叉抱在胸前保持不动,抬起一条腿成单脚跳,寻机用身体撞对方,使对方双脚着地或出圈。

独脚拔河

🍊 **主要目标**

练习在单脚站立的情况下拔河,锻炼身体的平衡能力。

🎲 **活动准备**

长绳1根,呼啦圈2个。

🍊 **游戏玩法**

- 家长和孩子分别站在1个呼啦圈内,单脚站立,各执长绳的一端。
- 家长和孩子用力对拉,把对方拉出圈外或使对方双脚着地的一方获胜。

灵敏与协调

  灵敏性是指人体迅速改变体位、转换动作和随机应变的能力，灵敏素质是在中枢神经系统的指挥下，各种身体素质的综合表现。

  协调性是指身体作用肌群的时机正确、动作方向及速度恰当、平衡稳定且有韵律性。

毛巾捕球

🍊 **主要目标**

练习投掷的动作,锻炼手臂的肌肉力量,锻炼孩子视觉和手的协调性。

🎲 **活动准备**

毛巾2块,气球1个。

🍊 **游戏玩法**

- 家长先用毛巾扇风,让气球飘在空中。
- 孩子双手抓住毛巾的两端,用毛巾去捕捉空中的气球。
- 家长要合理控制气球的高度,给孩子捕捉成功的机会。
- 孩子捕球成功后,两人交换游戏角色。

驯小猴

主要目标

练习侧面钻与正面钻，培养孩子身体的灵敏性。

活动准备

中号呼啦圈1个，大人小孩都能钻过去为宜。

游戏玩法

- 由一人手扶呼啦圈，另一人侧身从圈中钻过后，迅速替代手扶呼啦圈的人，让他迅速钻过，两人交替钻圈，越快越好。
- 由一人手扶呼啦圈，在场地内沿直线或曲线滚动，另一人则不断地从呼啦圈钻过，看看两分钟内可以钻过多少次，然后两人交替角色。
- 在钻圈过程中，钻圈人身体的任何部位不得触碰呼啦圈。

推小车

🍊 主要目标

练习用手爬行，锻炼孩子手臂的力量和身体的协调能力。

🎲 活动准备

长绳1根，沙包若干，小手套1双。预先用长绳在地面摆出一条曲折的"小路"。

🍊 游戏玩法

- 让孩子戴上手套，俯卧，两手撑地，家长双手握紧孩子的双脚，像推小车一样。家长帮孩子沿着地面的长绳爬行，到达终点后，再爬回起点。
- 也可以将沙包放在孩子的背上，来回运送沙包，要保持沙包不掉下来。

主要目标

练习双脚向前跳进,培养孩子身体的协调能力,增强其下肢的力量。

活动准备

坐垫 4 个,家长和孩子每人 2 个。预先在场地上设置好起点与终点。

游戏玩法

- 家长和孩子分别游戏,首先站在第一个垫子上,将另一个垫子投到"河"里,然后跳上去,回头捡起第一个垫子,再投出,再向前跳……直到终点。
- 每次跳跃都必须落在垫子上,回头捡垫子时,双手不能着地,双脚不能离开垫子。

坐垫挪移

🎈 主要目标

练习创造性地移动自己的身体，锻炼全身的肌肉力量和协调能力。

🎲 活动准备

坐垫2块，可用毛巾替代。

🏮 游戏玩法

- 家长和孩子分别站在一块垫子上，摆动手臂、腰部，使身体和垫子一同向前移动。
- 家长和孩子分别坐在一块垫子上，腿向外张开，双手紧紧从双腿之间抓住垫子一角，利用双腿和臀部的力量向前进。
- 家长和孩子分别跪在一块垫子上，双手抓住垫子的两角，当身体轻轻向前跃起时，顺势拉动垫子向前移动。

脚丫钓鱼

主要目标

练习用脚趾夹物,锻炼孩子脚趾的灵敏性,培养孩子的耐心。

活动准备

短绳1根。

游戏玩法

- 家长和孩子各坐一个板凳上,将绳子放在中央,两人都光着脚,用脚趾去夹绳子,看谁先夹起绳子。
- 各自用脚趾去夹绳子的一端,夹起来后,两人用脚趾夹着绳子拔河。

数字投准

主要目标

练习单手肩上投,提高投掷准确性,锻炼孩子挥臂的力量与协调能力。

活动准备

写有数字 1~5 的卡片,沙包 2 个。在场地上随机摆放 5 张数字卡,在卡片 1 米外画一条投掷线。

游戏玩法

- 家长和孩子分别站在投掷线外,猜拳决定其中一人先投,要将沙包按顺序投到从 1~5 的卡片上,如果投准了就继续投,如果没投准就换另一个人。先完成的获胜。
- 游戏一段时间后,还可以用脚夹沙包投,即用双脚脚尖夹住沙包,跳起后用力向前抛向数字卡片。

🟠 主要目标

练习环绕身体四周滚球，锻炼孩子身体的灵敏性和协调性。

🔷 活动准备

小皮球2个。

（1）

（2）

（3）

（4）

🟤 游戏玩法

- 家长和孩子一起游戏。两腿分开站立，先将球绕一条腿滚一个小圈，再将球绕两条腿滚一个大圈，最后绕两条腿按"8"字形滚动。
- 两腿分开站立，将球经过胯下前后来回滚动。
- 坐在地上，将球绕着自己的身体滚一个大圈。
- 坐在地上，用腿前后滚球。

拧麻花

🎈 主要目标

练习通过四肢交叉移动身体，锻炼孩子身体的协调性和控制能力。

🎲 活动准备

坐垫2个。

🍊 游戏玩法

- 家长和孩子分别盘腿坐在坐垫上，将双臂在身前交叉。
- 利用十字交叉的手和脚将力量集中到身体上，依靠身体的扭动向前移动，看谁的速度更快。

🍊 主要目标

练习直体直臂连续滚动,提高孩子对身体的控制能力。

🔷 活动准备

小板凳1个。

🍊 游戏玩法

- 将小板凳放在场地的中央,孩子头对板凳躺下,双手双脚伸直,双手可以触到板凳。
- 孩子以板凳为圆心,进行圆周侧滚动。
- 滚动完一圈后,以脚对着圆心,再进行圆周侧滚动,游戏3次。

随球起落

🟠 **主要目标**

练习左右脚原地单脚跳,锻炼孩子的下肢力量,以及身体的协调能力。

🔷 **活动准备**

在地上画1个直径为1米的圈,篮球1个。

🟠 **游戏玩法**

- 家长在圈外拍球,孩子站在圈内,随着家长拍球的节奏持续单脚跳跃。
- 孩子只能在直径为1米的圆圈内跳跃,不能出界。

🍊 主要目标

练习亲子合作钻圈,锻炼孩子身体的灵敏性与协调性。

🎲 活动准备

呼啦圈1个。

🍊 游戏玩法

- 家长把呼啦圈竖立起来,孩子快速从圈里钻过去,然后家长和孩子快速交换角色,交替钻圈。
- 家长手持呼啦圈,把圈在适当的高度放成水平状,孩子跨跳进圈内,然后从圈下面钻爬出去,再交换角色,交替钻圈。

趣味往返

主要目标

练习听信号往返跑,锻炼孩子下肢力量,提高其身体的灵敏性。

活动准备

垫子1个。

游戏玩法

- 孩子跑向垫子时,用额头去贴一下垫子,然后迅速跑回原点。
- 孩子跑向垫子时,用肚子去贴一下垫子,然后迅速跑回原点。
- 孩子跑向垫子时,在垫子上坐一下,然后迅速跑回原点。

主要目标

将爬的动作与球结合起来进行各种游戏,提高孩子身体的灵敏性和协调能力。

活动准备

皮球1个。

游戏玩法

- 双手和膝盖着地,把皮球放在自己的身体下面,向前爬行。
- 双手和膝盖着地,把皮球放在自己的身体前面,用头顶球,向前爬行,过程中不得用手触球。
- 屈膝坐在地上,双手向后撑地,把皮球放在大小腿之间,依靠腹部力量和膝关节使身体向后移动,同时带动皮球滚动。
- 屈膝坐在地上,双手向后撑地,把皮球放于腹部之上,进行身体移动。

双人滚球

🍊 主要目标

通过亲子滚球的游戏,锻炼孩子手腕和手臂的力量,提高身体的协调能力。

🧽 活动准备

皮球1个,在场地上画两条相距1米的平行线作为滚球线。

🍊 游戏玩法

- 家长和孩子面对面站在两条滚球线之间,持球的人双手将球向前滚出,对面的人用双手接球后再用同样方法把球滚回,来回3次。
- 家长和孩子背对背站立,持球的人将球从胯下向后滚出,另一人用双手接球后再用同样方法把球滚回,来回3次。

打靶球

🟠 主要目标

练习对准目标投掷,锻炼孩子手臂的力量,提高身体协调能力。

🎨 活动准备

桌子1张,皮球2个,沙包若干个。

🍊 游戏玩法

- 把皮球摆在桌子上,家长和孩子站在桌子前3米外,用沙包投击桌上的皮球,如果皮球落地,就上前将皮球捡起,重新摆好,再回到原位投击。
- 家长和孩子比一比,看谁击落皮球的次数多。

套圈圈

🎈 主要目标

通过套圈圈游戏，锻炼孩子的手臂力量和身体的协调性。

🎲 活动准备

套圈若干，玩具若干。

🍊 游戏玩法

- 家长将若干小玩具随机摆在地上。
- 家长和孩子站在小玩具1米外的位置，轮流用手中的套圈去投掷小玩具。比一比，谁在一定时间内套到的小玩具多。

主要目标

模仿各种动物走路的方式，如狼、企鹅、海豹、鸭子等，增强孩子下肢的力量和身体的协调能力。

活动准备

将若干物品摆放在场地上，作为障碍物。

（1）

（2）　（3）　（4）

游戏玩法

- 孩子学习狼走，双手和双脚着地，在障碍物间穿行。
- 孩子学企鹅走，球夹在幼儿脚踝中间，双手叉腰向前行走。在行走过程中保持身体平衡。
- 孩子学海豹走，将下半身紧贴在地面上，只用两臂支撑起上半身，俯卧着向前移动身体。
- 孩子学鸭子走，两手分别握住同侧脚腕处向前走。

你抛我接

🟠 **主要目标**

通过抛接游戏锻炼孩子的手臂力量和身体的灵敏性。

🟦 **活动准备**

沙包或小玩具若干，小盆2个。

🟠 **游戏玩法**

- 家长和孩子相对站立，孩子手拿小盆，通过前后左右移动，设法接住家长投掷的沙包。
- 家长和孩子交换角色，由孩子投掷沙包，家长来接。

主要目标

练习交叉步走,增强下肢力量和髋关节的灵活性,提高身体的协调能力。

活动准备

在地上画两条平行线,间隔20厘米。

游戏玩法

- 孩子两脚交叉行走,左脚踩到右边的线上,右脚踩到左边的线上,每一步都要踩在平行线上。
- 孩子先以交叉步的方式向前走,从起点走到终点。走到终点后,孩子再以交叉步的方式向后退回到起点。

双脚掷沙包

🟠 主要目标

练习夹包跳，增强孩子下肢的爆发力，提高身体的灵敏性和协调性。

🎲 活动准备

沙包1个。

🍊 游戏玩法

- 单人游戏，孩子用双脚脚尖夹起沙包，投向远处的指定地点。
- 两人游戏，亲子面对面站立，相距2米，用双脚脚尖夹住沙包后，将其投向对方，对方接到沙包后再以同样的动作将沙包投回。

🟠 主要目标

练习持球在地面上滚翻，增强孩子身体的灵敏性与协调性。

🟦 活动准备

皮球1个。

🟠 游戏玩法

- 孩子俯卧在地上，两手举过头顶抱住球，将身体向左右两侧来回转动。
- 孩子坐在地上，两脚分开，双手持球，上身尽可能大地转动，让球尽量触到地面。
- 孩子站立，用一只手托住球，以一条腿为轴，转一圈，让球不掉下来。

绕体转球

🎈 主要目标

练习以不同方式绕着身体转动皮球,锻炼孩子身体的灵敏性与协调性。

🎲 活动准备

皮球1个。

🍊 游戏玩法

- 孩子坐在地上,两脚并拢抬起与上身成"V"字形,绕着腿转球。
- 孩子坐在地上,两腿交替抬起,绕着两腿做"8"字形转球。
- 孩子仰卧在地上,用头或肩、双腿支撑身体,将球环绕着腰部转动。

#

🍊 主要目标

在木棒不倒的情况下,练习旋转、扶棒等动作,锻炼孩子的灵敏性与协调性。

🎲 活动准备

木棒1根。

🍊 游戏玩法

- 把木棒立在地上,孩子在木棒倒下之前,迅速单腿跨过去,然后用手扶住木棒。
- 把木棒立在地上,孩子绕着木棒迅速转一圈,然后用手抓住木棒。

双人勾棒跳

🎈 主要目标

练习亲子协同单脚跳,增强下肢力量,增强身体的协调性。

🎲 活动准备

短木棒1根。

🎈 游戏玩法

- 家长和孩子单脚站立,同一侧小腿向后上勾起(踝关节高于膝关节),身体稍向前倾维持平衡。把一根短棒放在两人勾起的膝窝上。
- 家长和孩子按照相同的节奏向前跳,不能把木棒掉下来,也不得用手去扶。

主要目标

通过"抢尾巴"的游戏,锻炼孩子的瞬间爆发力以及身体的敏捷性。

活动准备

毛巾2块。

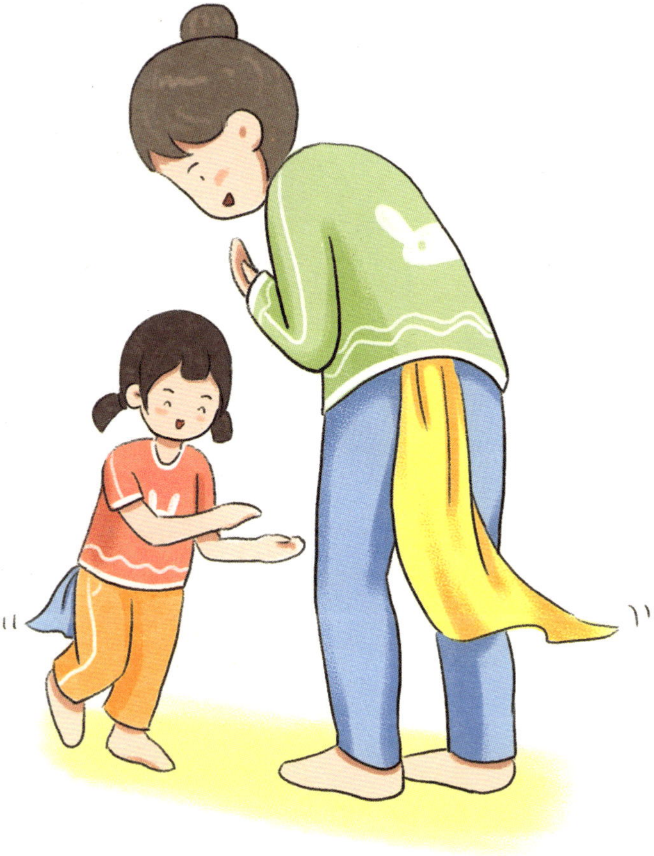

游戏玩法

- 家长和孩子分别在后裤腰上别一条毛巾,做成尾巴。
- 家长喊"开始",两人一边保护自己的尾巴,一边试图抢对方的尾巴,待孩子熟练后,可以进行比赛抢尾巴。

吊车游戏

🍊 主要目标

练习用手或脚夹物，锻炼孩子的协调性与控制能力。

🎲 活动准备

毛绒熊。

🍊 游戏玩法

- 把毛绒熊放在地上，让孩子伸直双手把毛绒熊夹起来，然后家长从后面抱着孩子的腰，慢慢提起来，向前移动，把东西搬到指定的地点。
- 将毛绒熊运送到指定地点后，再让孩子用脚把地上的毛绒熊夹起来，家长同样抱住孩子的腰部，把毛绒熊运送到指定的地点。

报纸曲棍球

🍊 主要目标

练习用纸棍运球,锻炼孩子的手眼协调能力。

🎲 活动准备

把报纸卷成纸棍、揉成球,用纸箱做球门。

🍊 游戏玩法

- 妈妈和孩子组成一队,和爸爸比赛谁能进更多球。
- 用纸棍击球,如果球进入对方球门则加分。领先5分的一方获胜。

力量与持久

力量与持久是指孩子在完成动力性或静力性力量练习时所持续的时间。孩子的力量训练应以动力性和克服自身重量的练习为主，不宜进行负重力量练习。持久力是反映孩子身体健康水平或体质强弱的一个重要标志。

树懒旅行

主要目标

练习倒挂与爬行,锻炼全身的肌肉力量。

活动准备

瑜伽垫若干,在地面上铺设成一条爬行道。

游戏玩法

- 孩子面向上平躺,家长跪趴在孩子上方。
- 孩子用手抱住家长的脖子,用脚夹住家长的腰部,倒挂在家长身上。
- 家长沿着爬行道慢慢地往前爬,孩子抱紧家长,尽最大努力不掉下来。如果孩子耐力不够,可以借用绑带,将孩子的腰部与家长的身体绑在一起。

泪泪虫

🎈 主要目标

练习用腹部力量和臀腿力量，向前移动身体，锻炼全身肌肉的力量。

🎲 活动准备

瑜伽垫 2 块。

🎈 游戏玩法

- 家长和孩子分别趴在瑜伽垫上，双臂贴在垫子上，利用腹部和臀部的力量向前爬行。
- 家长抱住孩子的腰，孩子坐在家长的大腿间，脚撑在地上，利用双腿和臀部的力量移动。

主要目标

练习根据口令,让孩子肘膝着地爬行,锻炼孩子身体的协调能力。

活动准备

瑜伽垫2块。

游戏玩法

- 家长以俯撑的方式趴在垫子上,弓起双腿和双手,形成一个人体隧道。
- 孩子以肘膝着地的方式,在家长的身体下面自由爬行。
- 孩子听家长的口令爬行,比如,"从左边爬过来""从右边爬过来""从前面爬进来",等等。

马步运输

🎈 主要目标

练习半蹲行走，增强腿部力量和耐力，锻炼身体的协调能力。

🎲 活动准备

小皮球 4 个，也可以用其他的小玩具替代。

🎈 游戏玩法

- 家长和孩子并排站立，两腿屈膝下蹲成马步，在两条大腿上各放置一个皮球，用手按住，一步一步向前行。
- 皮球不许掉落，否则要回到起点重新走，要求行走的过程中始终保持马步的姿势。

 跪立前行

主要目标

练习以跪立、坐立的方式前行,锻炼孩子的四肢力量和持久力。

活动准备

瑜伽垫若干。

游戏玩法

- 家长和孩子跪在瑜伽垫上,家长在前,孩子在后,家长双手撑地,孩子双手扶住家长的腰。
- 家长开始爬行,孩子紧跟在后,用膝盖支撑身体向前爬行,双手不能着地。

对腿角力

🎈 主要目标

家长和孩子对腿角力,锻炼孩子的下肢力量和持久力。

🎲 活动准备

瑜伽垫2块,拼在一起。

⏱ 游戏玩法

- 家长和孩子坐在瑜伽垫上,两脚掌相对,两只脚同时用力,使对方后退。
- 家长和孩子坐在瑜伽垫上,两手在体后撑地,以一条腿的脚掌相对,臀部抬起,两条腿同时用力,使对方后退或臀部着地。
- 角力时不许用脚踢、蹬其他部位。

腰部拔河

🎈 主要目标

家长和孩子腰部拔河，锻炼孩子腿部、腹部和腰部的力量。

🎲 活动准备

绳圈1根，皮球2个。

🎮 游戏玩法

- 家长和孩子背向站立，用一根绳圈套在两人的腰间。
- 在两人面前1米处各放一个皮球，要求两人用双脚蹬地向前用力，努力去捡各自面前的皮球，先捡到的获胜。
- 游戏可以反复进行，家长要把握力度，让孩子达到锻炼效果即可。

双人蹲跳

🎈 主要目标

家长和孩子协同蹲跳,增强孩子下肢的肌肉力量和持久力。

🎲 活动准备

布积木块若干,随机摆在地上。

🏮 游戏玩法

- 家长和孩子背靠背,手挽手,蹲在地上。
- 两人在场地上一起背对背蹲跳,不能触碰地面上的布积木。
- 注意两人动作的协调和配合,在跳的过程中,双手不能分开。

主要目标

练习听口令连续跳跃,锻炼孩子的弹跳力和持久力。

活动准备

用短绳在地面上摆放出一个十字,设置好1、2、3、4四个区。

游戏玩法

- 孩子站在1区内,根据家长的口令跳入正确的区域内。比如,当家长喊2时,孩子从1区跳到2区,家长喊3时,孩子再从2区跳到3区,依此类推。
- 家长可以随意变换区域,比如,4、2、3、1、2、4、1、3,等等。
- 家长可以先让孩子双脚连续跳,然后练习单脚连续跳。

玩转链球

🎈 主要目标

练习抛甩链球和踢链球,增强孩子的上肢力量和下肢力量。

🔷 活动准备

链球 1 个(用绳子把一个小球系起来)。

🍊 游戏玩法

- 孩子手持链球,伸直手臂,有节奏地左右摆动链球,左右手交替练习。
- 将链球绕着自己的身体做大幅度的旋转。
- 孩子用手拿住链球的短绳,然后用脚踢链球,左右脚交替踢,首先原地踢,接着边走边踢。

兔子跳

🍊 主要目标

练习用双手支撑身体跳跃,锻炼孩子上肢肌肉的力量。

🎲 活动准备

布垫1个,皮球1个。

🍊 游戏玩法

- 在孩子身前放1个布垫,孩子两手支撑身体,向左右方向横着跳跃。
- 在地上放一个皮球,孩子用双手支撑身体,在球的上方前后跳跃。

划小船

🎈 主要目标

锻炼孩子的耐力,增强身体的协调性。

🎲 活动准备

空阔的场地。

🍊 游戏玩法

- 家长和孩子面对面,互相坐在对方伸出的脚面上,抓住对方的两臂,形成小船。
- 两人通过身体的屈伸让"小船"前进。
- 在前进的过程中,两人的手不能松开,臀部也不能离开对方的脚面。

主要目标

锻炼孩子上肢、下肢和腹部的力量以及运动的持久力。

活动准备

瑜伽垫 1 块。

游戏玩法

- 两人面对面俯卧支撑在垫子上,目视前方,其中一人做出动作,另一人进行模仿,比如,抬左手、抬右手、抬左腿、抬右腿,等等。
- 两人面对面俯卧支撑,左手、右手交替击掌。

收腹举腿

🎈 主要目标

练习收腹举腿的动作,锻炼腹部和腿部的肌肉,增强孩子运动的持久力。

🎲 活动准备

瑜伽垫1块,皮球1个。

🎁 游戏玩法

- 孩子仰躺在垫子上,双臂平放于体侧,收腹举腿,静止30秒以上,大腿与躯干尽量垂直。
- 在能完成上一个动作的基础上,两腿分开直腿夹球,收腹举腿,大腿与躯干尽量垂直。

主要目标

亲子合作爬行,锻炼孩子四肢的力量。

活动准备

瑜伽垫若干,在地面上铺设成一条长轨道。

游戏玩法

- 两人俯撑在瑜伽垫上,孩子在前,家长在后,孩子将自己的两腿分别搭在家长的两肩上,然后沿着"轨道"一起向前爬行。
- 从起点爬到终点后,再重新爬回起点,反复进行游戏。

双脚吊车

🎈 主要目标

练习用脚悬空夹物,锻炼孩子腿部和腹部的力量。

🎲 活动准备

靠垫1个。

🍡 游戏玩法

- 家长和孩子双手撑在身后,面对面坐着。
- 家长用双脚夹起靠垫,靠双手和臀部力量慢慢转一圈。
- 孩子也用和家长相同的方法转一圈。
- 重复几次,待孩子熟练后,家长和孩子转完一圈后可以不把东西放在地上,而是互相用脚传递。

跑步机

🎈 **主要目标**

练习在跑步机上的跑步动作,培养孩子手臂和腿部的协调性,锻炼全身力量和持久力。

🎲 **活动准备**

毛巾2块。

🍊 **游戏玩法**

- 把2块毛巾平铺在地上,家长和孩子分别站在1块毛巾上面。
- 像在跑步机上一样原地行走,双臂弯曲成90度,用力前后摆动。

· 真正的养育在家庭 ·

"真正的养育在家庭"系列图书主要以家庭为应用场景，以亲子游戏为内容，从操作层面为家长提供了一系列游戏式养育的方法，以此帮助家长培育孩子的体能、智力和社会性能力。

《真正的养育在家庭 蒙氏游戏》通过感觉、运动、语言、数学、探索等蒙氏游戏，发展孩子的认知能力，培养其主动学习的兴趣，以及独立、自信、坚持的良好品质。

《真正的养育在家庭 体能游戏》通过基于60种基本动作练习的体能运动，来发展孩子的身体素质，促进其意志品质的提升。

《真正的养育在家庭 感统游戏》为促进孩子视、听、嗅、味、触及平衡感的统合发展，创设了一系列在家庭中就可以有效实施的游戏方案。

《真正的养育在家庭 科学游戏》通过丰富的科学游戏，激发孩子对科学探索的兴趣，培养孩子勇敢尝试、积极探索的学习品质。

《真正的养育在家庭 自然游戏》创造孩子与自然接触的机会，支持孩子在自然中开展感知、探究、种植、手工与艺术游戏，尊重孩子亲近自然的天性，帮助孩子建立与自然的纽带。